JN418972

단단한 새

단단한 새

배홍배 시집

문학의전당

自序

옛집 울타리엔 증조할아버지가 심으셨다는 살구나무, 앵두나무, 대추나무, 감나무, 배나무가 여러 주 있었다. 할아버지 할머니보다 나이가 많은 나무들에 둘러싸여 나는 생의 치열함을 배우기도 전 유년 시절에 이미 늙어버렸다. 내가 살아갈 길을 점찍듯 내리는 빗방울들, 눈송이들 혹은 잔바람을 비틀거리며 따라갈 뿐인 나의 걸음을 지나간 것들이 자꾸만 붙잡는다. 때때로 나를 할퀴고 넘어뜨리기도 하면서 … 그들을 어루만지고 달랠 수밖에 없다. 이때 나는 은밀한 대화 속에 그들을 가두는 것이 나의 시 쓰기이다. 내게 있어 시는 지나간 것들의 감옥인 것이다. 시의 감옥 속에서 그들은 대부분 흐느끼지만 울부짖기도 하는데, 그 소리의 파장은 연약하기 그지없는 것이어서 나의 기억 속에 작은 울림의 웅덩이를 파고 고이거나 고작해야 늑골 어디선가부터 가슴 깊은 곳까지 어느 무늬의 물결로 안으로만 밀려 갈 뿐이다.

차례

2부

3부

1부

얼룩소

부천 성가병원 흉부 내과
대기실에서
하늘을 본다, 어둠이
함박눈을 몰고 오는 저녁
창 밖에 느릿느릿
얼룩소 간다

진찰실 모니터에 나의 과거가
내어 걸린다
아무도 들여다보지 않은
검은 골짜기
우―
어디선가 눈송이들 몰려와
환해질 때
휙―
얼룩소 한 마리
기침을 하며 지나간다

눈송이 하나로 휘황한 깊은 골짜기

눈의 길

눈 속을 내내 걸었다

내가 살아갈 길을 점찍듯
내리는 눈송이들 나는
눈의 발자국에 찍히고
더러는 내가 찍고
눈은 내 생애 한가운데
구멍을 여럿 뚫어
그곳에 울컥
바람을 들여앉혔다
그러고도 발간
발뒤꿈치들, 멀리
콜록콜록
흰 연기를 뱉어내는
열병합발전소
눈 그치자
굴뚝을 타고 내려오는
햇빛 속
너무 캄캄해
오던 길을 돌아

발자국 속에 묻어둔 빛
몇 개 찾아볼 동안 다시
생각 끝에서 바람이 불고
마른기침처럼
눈가루 사방으로 흩어졌다

휑한 가슴에
뒷걸음으로 들어오는 저녁 눈보라

눈에 젖다

소래 廢鐵橋 아래
눈발 날렸다
구름의 구중중한 생을
헤쳐나와 무엇엔가
으깨지려 오는 눈송이들
뻥뻥다리 지날 때
기억에 구멍 숭숭 뚫려
그리운 것 한 가지씩
잊고 있었다
눈송이들 몇은 포구의
헐한 불빛 안으로
미끄러져 들어가
글썽이고

끊긴 협궤
올려다보면 아득한
그리움의 절벽
눈송이들 뛰어내려
뻥 뚫린
가슴에 얼룩진 달이 떴다

단단한 새

플라타너스 나무에 노란 새가 앉아있습니다
새가 움켜쥐고 있는 허공이
내가 당신을 만날 때 언제 들이닥칠지도 모르는
허전함을 달래주던 나뭇잎의 넓은 마음이
차지하고 있던 자리는 아닐까
지금 내 등을 두드려주는 봄볕도
저 허공을 지나온 것은 아닐까 하는
생각에 이르면 새의 발 크기가 궁금해집니다
새가 울 때마다 노란 새싹들이 피어납니다
플라타너스는 얼마나 많은 나뭇잎을 피웠으면
작은 새가 저토록 단단한 목청을 갖게 되었을까요
플라타너스의 넓은 마음 씀씀이도 새의 단단한
울음에서 비롯되었으리니 플라타너스는
제 잎 넓은 삶을 언제
저 작은 새에게 돌려주어야 하는 것일까요
새가 날아갑니다
마른 열매 하나가 탁구공만한 정적을 내게 선물하는군요

돌배나무

새로 산 집에 이사 오던 날
후원에 돌배나무를 심었습니다
금년 봄에 처음으로 꽃이 피었습니다
봄이라고 해봐야
내 마른기침처럼 변덕스러운 탓인지
열매는 아랑곳없이 그냥
꽃만 피었습니다
옆에 있는 사과나무도 덩달아
꽃을 피워댔습니다
담장 밖으로 지나가는 여자 아이들의
긴 다리에도
구멍가게의 눈깔사탕에도
배꽃이 피었습니다
비가 오면
작은 돌배나무 열매 같은 빗방울들로
가득한 우리 집 하늘 어디선가
무지개가 떠오르다가도 서둘러
떠났습니다
바람이 무지개를 거칠게 배웅했지만
꼭 그런 것만은 아니었습니다

쓸쓸한 빗물소리를 안고
돌아오기도 했습니다
그럴 때면 빗물은
돌배 돌배 …또르르… 배
소리를 내며 내게 흘렀습니다
빗물이 꽃잎보다 환해지는 곳에서
내 이름은 별처럼 떠오르곤 하였습니다

미나리

그해 봄 건조주의보가 내려
나는 마른 풀처럼 말라갔다
앵두나무는
서둘러 열매를 맺어버리고
노란 빈혈을 앓았다

보리가 지붕을
깜부기로 가득 덮으면
헛간 위로 물먹은 달이 떠오르고
내 얼굴도 누렇게 떴다
귓속에선 쑥새가 포르르 울었다

흙탕물에 얼굴을 담근 채
미나리를 심는 어머니
아침에 눈을 뜨면
식구들의 얼굴은 온통 미나리꽃이었다
미나리,
아버지를 기억하지 못해
고개 수그린 꽃
등에 잡풀을 지고
일어서지 못하는 아버지의 꽃

까나리

옛집 마당가엔 배나무가
몇 주 있었다
텃밭의 아욱이 햇볕에 시름겨워
흐물흐물 졸 때
배나무에 올라 내려다보면
신작로가 구불구불
바다로 흐르고 그 물길로
흰 돛배들 올라와
배나무들은 다투어 꽃을 피우고
하얗게 질려갔다 마당은
어느 것이 꽃이고 어느 것이
돛인지 흰빛으로 가득했다
배나무가 까나리의 눈동자 같은
열매들을 매달기 시작하면
아랫마을에 고깃배가 들었다는
소문이 뜨고
배나무 위에서 나는
종일 거위배가 아팠다
또다시
머릿속은 어지러운 배꽃이 만발하고

옥수수와 시냇물 그리고 별에 대한 기억

우리 집 앞 빈 터엔 옥수수가 무성했습니다. 깊은 밤중에 옥수수 밭에서 시냇물 흐르는 소리가 나고 먼 남쪽 하늘에서 별들이 찾아오는지 물 찰랑이는 소리도 들렸습니다. 이따금 불투명한 기압골이 공터에 내려와 놀다가기도 했는데 그때마다 옥수수는 불감증 환자처럼 어린 잎들을 피워대고 열매를 맺을 줄 몰랐습니다. 옥수수 가루를 뿌려놓은 듯 샛노란 꿈속의 하늘을 붉은 해가 지루하게 기웃거리면 울타리 밖 옥수수는 내게 제 그림자를 던져주고는 그림자 안에서 종일 씨알 많은 눈으로 나를 바라보았습니다. 그 눈빛에 내 몸은 가렵지 않은 곳이 없었습니다. 차츰 나는 옥수수 밭으로 가출을 일삼게 되고 가려운 곳 여기저기서 헐거운 가책들이 슬그머니 마른 잎을 내밀어 옥수숫잎과 함께 파르르 떨면 저녁은 한참이나 옥수숫잎이거나 내 어깨 위에서 삐걱이며 흔들리다 나를 데리고 우리 집 부엌문을 열고 들어가는 것이었습니다. 부엌 안에선 조바심으로 번쩍이는 커다란 양은솥이 제 속과 겉을 번갈아 보여주었는데 그것들이 어떻다는 것인지 도무지 알 길이 없었습니다. 남쪽하늘의 별빛이 무력해지면서부터 내가 자라면서 울어야 할 소리를 들려주기라도 하듯 양은솥이 뜨거운 눈물방울들을 흘리며 휘파람 같은 바람소리를 내면 그 소리가 하도 서러워 아버지는 아직 시퍼런 옥수숫대들을 베어 새로 울타리를 세웠으나 바람은 언제나 울타리보다 키가 커서 내 울음 속을 엿보았고 옥수숫대 울타리는 넘어지기 일쑤였습니다. 그러면 아버지는 헛되이 말뚝을 깎아 바람소리를 나의 기억 속으로 깊이 내려 박을 뿐이었습니다. 이미 낡은 것이 되어버린 그때의 가책들이 처음엔 얼마나 자유로운 것이었는지를 깨닫게 된 지금 옥수수와 시냇물 그리고 별 아닌 것들이 내 찬 손을 어루만져주는 것은 그때의 기억들이 등불을 켜고 주르르 내게 달려오는 것을 참을 수 없다는 뜻은 아닌지.

廢船

군산항 째보선창가를 걷는데
廢船 하나가 썰물에
제 생애를 지우고 있었다
해가 지면 산 것들은 어두워지고
목숨 없는 것들은 어둠 속에서
빛나게 되리라는 것을 아는 사람들은
廢船보다 먼저
노을 속으로 지워졌다

바닷새 한 마리가 눈 가득
수평선을 담고
돛대 위에 죽은 듯
웅크리고 앉아 있다
어둠 찾아들자
커다란 목청으로 운다
새의 울음이 유일한 등불인 빈 배
스르르르르—
새의 긴 수평선으로 미끄러진다

탐진댐*

수몰된 고향
문전옥답 위에
찰랑이는
푸른 일급수
사시사철 일렁이는
독 오른 보리밭

잠기다 만
먹감나무 끝
살모사 한 마리
온다
쉬쉬
모가지를 흔들며
시퍼런 보리밭을 지나
우리의 갈증 속으로

*전남 장흥군 유치면에 있음

달과 매화

사랑을 잃고 난 후 나는
슈베르트의 〈죽음과 소녀〉 제 2악장에
갇혀 지냈다
종일 테이프 위를 걷기도 했지만
언제나 갔던 길을 되돌아올 뿐이었다
이따금 길에서 만난 달의
처연함을 비웃는 일도
나무들의 우직함을 흉보는 일도
남의 이야기를 엿듣듯 했다
마땅히 져야 할 곳을 찾지 못해
내 몸 어딘가를 서성이는 달이
나무들의 검푸른 잎사귀 아래
투명한 그림자를 피워대는 것도
나는 굳이 간섭하지 않았다
막연히 연애를 다시 시작해야겠다고
생각했지만 그것도 잠시뿐
주위엔 매화나무만 무성했다
누군가 내 이마를 쳐서
그것도 아주 세게 쳐서 정신이
번쩍 들도록 할 수 있겠다고 생각했지만

근처엔 아무도 없었다
나는 무병을 앓고 싶어
매화나무 위에서 몸을 바르르 떨었다

산다는 것은

소주를 마시고
安眠庵* 浮橋를 건너는데
썰물이 빠져나간 갯벌 위를
게가 한 마리
기우뚱 걸어가네
가슴에 발자국을 찍으며
몸 안으로 가는 길
한 번이라도
바르게 걸어본 길은
휘휘 지우며 가네
산다는 것은 살아온 길을
지우는 일이라고 게가
흔적 없이
뻘 속으로 사라질 때
내 몸 안에서 수천
수만의 길 흘러나와
물 위에 떠서 흔들리네
저무는 하늘을 빠져나온
햇살이 딸랑딸랑
텅 빈 내 몸속을 다녀간다네

*충남 태안 안면도에 있는 암자

日沒

서쪽 하늘이 종일
누군가의
가슴에서 앓았다
울컥
뜨는 붉은 노을
붉은 만큼 서러운
애증의 毒
물새들 울음을 傷해
비명 하나로
제 울음 속을 헤쳐
가는 곳
바라보다 그만
내 황량한 주소를
거기 두고 왔네
가엾은 나의 세월
저녁 햇살에 긁히네
긁혀 먼지처럼 쌓이네

광릉 뻐꾸기

광릉 숲에 우는 뻐꾸기
슬프게도 우네
뱁새가 품고 있는
꼼지락거리는 알 하나
그들은 지금 교신 중
원시림은 집단
무의식으로 서 있네
입주딱지 같은 낙엽 한 장이
전부인 쓰러져가는 고목 안에서
조상이 물려준 삶의 암호를
양심의 깃털이 돋기 전
잔등에서 피가 나도록
견뎌낼 거라면 내
벌거숭이 몸뚱이를 내어주겠네
온몸이 짐승의 털로 덮이고
귓속에서 검은 뿔이 숭숭 자라
저 울음의 메시지를
수신할 때까지
아픔은 나의 것이 아니니
아, 젊은 뻐꾸기들 날아드네

안테나를 높이 세우고
뱃속에 잉태한 태아가
물려받을 고통의 새 주소를 찾아

잃어버린 얼굴

사진작가 최민식의 사진
길가에 쪼그리고 앉아
죽을 먹고 있는 고아소녀
반짝이는 양은그릇에서
피어오르는 김에 아른거리는
얼굴이 내
어린 시절의 얼굴일지도
모른다는 생각에
확대해서
밥상 위에 걸어놓았다
내가 밥을 먹을 때면
반짝이는 것들 너머
달아나는 기억을 좇아 나온
햇살과 한때
그녀의 머리카락 끝에서
미끄럼을 타고 놀았을 잔바람이
소녀의 가느다란 손이
움켜쥐고 있는
양철수저에 옹색하게 고였다

나는 젓가락을 짚어가며
달그락달그락
잃어버린 얼굴을 다녀오고

어떤 슬픔

영등포문고를 나오는데
열리지 않는 문, 잠시
나를 읽다 멈추는
자동감지기를 쳐다보며
나의 생이
허구렁이라는 생각일 때
서점 안으로 다시 들어가
무명작가의 산문집을 하나
사 들고 나왔다 스르르
열리는 자동문, 슬프다
맑은 하늘에 소나기 지나가며
예고 없이 나의 운명을 때릴 때
나는 쓸데없이 울먹였다
나의 육체는 빈 것이었으므로

망상역에서

우리는 지금 파도소리와
모래바람만이 놀다 간
낡은 대합실에서 듣고 있어
낙서 속의 주인공에게
아무것도
묻지 않았는데
덜컹거리는 창문이 자꾸만
대답하는 소리를
그래,
열 번의 여름바다와
그 위에 부는
사나운 바람 속에서 우리가
기다린 것은 무엇인지
오늘도 연착하는 완행열차는
가르쳐주는 거지
철지난 해수욕장 모래는 아직
발아래 뜨거운데
사랑이란 이름의 마지막 열차를
우리는 서로
다른 방향에서 기다리고 있다는 거

그리운 이름

흔들리는 야간 버스 안에서
울리지 않는 휴대폰을
만지작거리다
저장된 이름을 하나 지운다
내 사랑은 그렇게 끝났다

밤차는 서는 곳마다 종점인데
더듬거리며 어디에도
내리지 못하는 내 사랑
가로등의 희미한 불빛에
넘어지네
일어나지 마라
쓰러진 몸뚱이에서
어둠이 흘러나와 너의
아픔마저 익사할 때
그리하여
도시의 휘황한 불빛 안이
너의 무덤 속일 때
싸늘한 묘비로 일어서라
그러나 잊지 마라

묘비명으로 새길 그리운 이름은

모래 박히는 이름

덕적도 낙타바위 지나 북리
횟집 간판 아래
소나기를 피하고 있는데
빗방울들이 나를 윽박질렀다
그들에게 자리를 내어주자
바다가 가슴에 길을 냈다
자월에서 덕적까지
그리운 이름 하나 알고
덕적 문갑 그리고
다시 자월
그 이름 잊어야
돌아가는 길 따라
터벅터벅 낙타가 들어왔다
달팽이관 깊숙이 올라가는지
문득, 기우는 몸뚱어리
명치 아래 어디쯤
서포리 모래 언덕 사르르
무너질 때 낙타는
바다를 건너오며 잊었던
사막의 언어를 기억해 내고는

이름 하나를 중얼거렸다

종일 흙바람 불어 모래 박히는 이름

조약돌

J
덕적도 북리 몽돌 해안
조약돌들 기억하니
뱃고동소리를 모아
동글동글한 이야기를 들려주던
그 바닷가 조약돌들 말이야
그 중 몇 개를
방 안에 들여놓았는데
내가 잠결에
이를 딱딱 마주치면
조약돌들은 서로 이마를 부딪치며
제 몸 여기저기 남아있는
뱃고동소리를
우리들의 애증으로만 씻어내더군
낮게 드리운 커튼이
방 안에서 일어나는 일에 대하여
설레임에 젖는 듯
내 잠 위로 자우룩이 내려오면
잠은 한없이
적막 안으로 허물어져 들어가더라니까

그러면, 덕적 바다 멀리
밀물이 밀려와 내 눅눅한 잠의
가장자리를 끊임없이 철석여주더군
조약돌 하나가
뱃고동소리를 씻다말고
딱딱한 꿈으로 자꾸만
기울어져가는 잠을 받쳐주고 있었지

민박집 주인

J

우리 덕적도 북리에 갔을 때 그
민박집 주인 생각나니 낙타처럼 걷던
연극배우 최종원 닮은 곱슬머리
얼굴은 바다보다 깊고 넓어서
눈 안에선 싱그런 파도가 출렁이고
입 속에선 조약돌 구르는 소리가 들렸지
낙타 등처럼 생긴 지붕 아래서 언뜻
물빛에 젖은 그의 커다란 손등을 보았는데
손바닥엔 옹색한 햇빛과 바닷바람이
따뜻한 품을 만들고 있더군
우린 종일 그 옆에 있었으나
마음은 좀처럼 너그러워질 줄 모르고
푸르러져가는 머리카락을 모래처럼 까칠한
손바닥으로 쓸어 넘길 때 지붕은
사막 같은 생각 안에서 일어나는 일에는
도무지 관심이 없다는 듯
문틈으로 파도소리를 들여보내
그 집 주인이 낙타처럼
걷는 이유를 가르쳐주고 있을 뿐이었지

2부

그믐달

인천 대공원

야간 산책 나왔다 돌아가는
연인들, 한 가지씩
벚나무 아래서 어두워진
표정들을 등불처럼 들고 가네
처음 꽃을 피우던 기억을
받치고 서 있는 저
뿌리 튼튼한 나무 아래
환해지지 않는 것 없는데
멀리
아파트 불빛이 그걸
보여주는데
저만치 그들의 어둑한 이마를
따라오는 그믐달은
어디엔가 두고 왔을 제 둥글고
서늘한 기억을 누구의 서글픔과
견주어 보겠다는 것인지

봄날에

햇볕 따뜻한 봄날
마루에 앉아
발등을 물끄러미
내려다보면
그곳에
작은 웅덩이 패이고
소년 시절 나를
설레게 했던
정류소집 딸의 희고
고운 종아리에
머물던 햇빛이라든가
내가 뻔질나게
지나다니던 그 집
앞길이 반들반들 고여
어디론가 흐르는
소리 들리는데 소녀의 방
조그만 창이
파리하게 앓던
가련함과
우리 집 울타리 아래 핀

민들레 꽃씨들이
그 가련함 어딘가에
터를 잡던
교묘함까지도
발목을 지나서나
허리를 지나서나 한없이
일렁이는 소리로 듣게 되니
어쩌다 그 애와 마주칠 때
파르르 떨던 눈빛은
물컹한 가슴에
어느 무늬의 물결로 밀려오시려나

저녁은 어떻게 오는가

그녀가 내 곁에서 멀어진 후
내게 저녁은
함께 자주 다니던 찻집 〈청노루〉
누르스름한 종이등 안으로만 왔다
그 찻집 문을 열고 들어서면
저녁은 내게
제 속을 반쯤만 비쳐 보여주었는데
그 나머지 속이 궁금해 견딜 수가 없었다
종이등 앞에서 오랫동안
생각을 구부리고 앉아있으면
무릎 환해오는 나를 데리고 저녁의
나머지에게로 가는
그 무엇인가를 나는
난로 위 주전자 물 끓는 소리이거나
감나무 잎 떨어지는 소리 같은 것들로
듣곤 했는데 이런 것들이 그녀가
내게 보여주고 싶지 않은 것들도 있어서
그 넓은 눈망울 어딘가에
숨겨놓았는지도 모르는 저녁 하늘을
어느 찻집에 앉아 찻잔에 띄워놓고

이제는 한가하게
바라보고 있지 않겠나 하는 나의
초조한 생각만은 아니라는 듯
종이등은
그녀의 저녁을 느긋하게 고집하고 있었다

개울가에서

해질녘 낮은 산골짜기
개울가에 앉아
피어나기 시작하는 버드나무
어린 눈들을 바라봅니다
그 보송보송한 모습이
내가 한때 좋아하던 여자의
솜털 많은 귀밑 거기 같아
얼굴을 가까이 대어보면
버드나무 뿌리 깊이
그 여자
직장에서 돌아오며
우리 자주 만나던 공원 앞을
지나올 때 가슴에
물 흐르는 소리 들리고요
동네 앞에 이르러 바라보는
붉은 하늘이
그녀의 눈 안에서
찰랑이는 소리도 들리는데요
그녀가 집 안으로 들어설 때
따라왔을 법한

어스름이랄까
그늘 같은 것들은 어떻게 하는지
버드나무의 능청스런 눈 속을
들여다보고 있는 중이지요

내가 사랑했던 것들

팔당댐 수문 옆에서
떨어지는 물방울들을 바라본다
떨어지는 것들이
물만이 아니라 허공에
잠시 머물렀다 가는 일이
문득 덧없다는 일이 아니라
아파라, 내가
사랑했던 것들조차도
무게를 느끼지 못하겠다는 것이,
몇 마디의 下降을 위해
저토록 멈칫하는 삶이 있었다니
물살을 거스르는 이름 모를
물고기들은 몸 비틀어
떨어질 곳 마땅찮은
내 가벼운 사랑을
어떻게 해석해줄 것인가
후두둑—
마음에 빗방울 떨어져
댐의 해묵은 시간에서 나와
물방울들 다시 혼절하는 그곳에서

돌아서고 싶은 마음이 어디
마음뿐일까만 이토록
오랫동안 함께 해온 사랑인 바에야

비

차창 밖에 내리는 비를 바라봅니다
빗방울은 내가 사랑했던 사람들의
눈동자들입니다
웅덩이에 그들과 내가 주고받던
말들이 고이기 시작합니다
세상의 외롭고 쓸쓸한 일들을 들어,
들어서 모두 알고 있다는 듯 웅덩이는
탁한 표정을 짓다가 모래보다
무겁게 나에게로 침잠합니다
먼 하늘이 그것을 깨우쳐
주기라도 하듯 순간 머리끝이 환합니다

방아깨비

다리 속이 말간 방아깨비
절구방아를 찧는다
사랑에 관하여 관절이
앓는 듯 무릎에서
들기러기 우는 소리 들린다
헐거운 손
달아나지 못하는 방아깨비
관자놀이까지 하늘이 내려온다
사랑에 관하여 진한
감색인 하늘에
얹혀지는 뭉게구름
커다란 두 눈에
굵은 소나기 지나간다
사랑에 관하여 그만 눈물을 보일 듯

오월의 안단테

낮아지는 저 해는
속눈썹 길게 내리고
꽃잎 진 자리를 맴도는
산 그림자를
어찌하려나
밀려드는 어스름은
꽃잎 떨어진 허공을
배회하는
작은 새의 눈망울을
어찌하려나
새가 앉았다 간
나무의 그늘이 적막을
노래하네
가로수로 서있기엔 너무
흰 목련이 조용히
듣고 있네
듣고 생각에 잠긴다네
꽃을 피우고 지우는 일이
그리 급한
일이었을까 그래야만 했는가*

*베토벤 현악4중주 16번 F단조 제4악장의 동기

병동

신천리 어느 병원
613호 입원실
그릇을 움켜 안고 밥을 먹는
저 노인
생의 고개 넘어
급경사를 이루는 어느 곳에
비스듬히 앉아
그리움에 밥 말아 먹네
어느 날엔가
돌보는 이 없어도
그리움과 나란히
몸져누울 것인가
주머니 속 호두알을
만지작거릴 때
주－르르르르 가슴에
그리움으로만 끌 박는 저녁 비

가을의 언어

마을 빈 터 조밭 위로
쑥— 올라
멋쩍어하는 수숫대를
공원길을 산책하러 나온
바람에도 흔들리는
저 수수머리를 그대
얼굴이라 생각해도 되는지요
들콩처럼 여물어
아무에게나 터트려 보여주는
그대의 속을 저걸
주워 먹어도 되나 하는
새의 눈으로 바라봅니다

지나간 것들이
이를테면
보리밥에 신 김치 꾹꾹
눌러먹던 일이나
골목을 내달리던 아이들의
머리카락이 무논 가래질하듯
나란히 쓰러지는 모습 같은

하찮은 것들이
이 가슴을 쓸어내리는 건 그대가
훠이훠이 새 떼들을 날리며
어디론가 가고 있다는 뜻이겠지요

그립다 말 못하네

계수리 저수지* 입을 꼭 다문
水門, 무슨
하고 싶은 말이 있어 저토록
입 언저리가 부르텄을까
산이 물의 흐려진
인내심 위로
맑은 그림자를 깔아줄 때
조바심처럼
떠다니는 어스름 하나씩
건져 올리는 낚시꾼들
그들도 물고기처럼 말이 없구나

물가에 떠도는 누런 물거품
제 오래된 속을
터트려 보여줄 때
저수지 둑에 마음대로 자라는 풀
밤새 수런대며
내 경박한 말들을 어디에서
어디까지 엮어 볼 참인가
조마조마 반짝이는 저녁 해

물 위에 둥둥 띄워 보내고
풀잎들 건들거리며
천연덕스럽게
누구에 대한 그리움도 띄워 보내 줄 것인가

*경기도 시흥시

간이역

창 밖에 내리는 비
길이란 길 다 지우는데
길 없는 길 위로
그리운 것들은 흐르네
세상의 출구를 향해
줄을 설 시간
흐르는 것들과 흐르지
못한 것 사이 어디에도 나
견고하게 서지 못하네
첫 차가 들어오면 내 일생
어떻게 진동해야 하는지
알지 못하네, 문득
어둠 속에서 튀어나오는
하행선 완행열차
그리웠다
내 혈육이여
미명으로 가는 차표 한 장
구겨 쥔 내 손바닥
실핏줄을 흐르는 기계의
차가운 體液이

조용히
너의 외로움 속을
흐르는 간이역 플랫폼

얼굴

43번국도 옆
국밥집에서
밥을 먹고 있는 소녀
저 눈망울
낯이 익다, 아
최민식의 사진
그 고아소녀
소녀의 목에서 파란
바람이 인다
그녀가 가야 할 길
그 길 위로 우리의 길
다 떠올라 아른아른
봄볕에 주눅 든 세월
떠메고 어딜 가는가
저 눈망울이 그걸
바라보나, 바라보고 있나
소녀의 눈빛 가는 곳
그녀의 어머니 그리고
또 다른 어머니들
검고 마른 다리 짚어

걸어갔던 길을 바라보고 있나
때로는
그 길이 지나던
우리네 강의
먼 흐름을 눈 안에 넣고
물기 많은 눈망울을
모래바람에 말리고 있는 것이냐

울렁임 속에서

한강변에서 나는 지금
구름이, 강물이 나를
따라오는 것을 보고 있어
사실은 내가
그들을 따라가는 거지
눈 가득 차는 저 울렁임
파고 높아도
물마루 낮아지는 곳으로부터
나타났다 사라지는 강의
흐름 속으로 걸어가는 거지
물 젖은 눈의 초점 밖에서
흐려지는 하루
울렁이고 싶은
물새가 되어 나는데
다시 초조하게 떠서 오는 저 구름

눈이 자꾸 흐려

이른 아침 한강변을 걸으며
수상스키를 타는 사람을 본다
그가 일으키는 물보라인지
물안개인지 눈앞이
흐려 발길이 물에 가려
길들 물에 떠내려온들
내가 나의 길을
알아볼 수 있을까만
로프를 움켜쥔
그의 손등 휘황해
그를 끄는 보트와 그의
근육이 이루는 팽팽한
긴장감 어디에서
내 움켜쥔 손이라도
풀어본단 말인가

찰랑거리는 길
더듬어 흘러가는 쪽배같이

구름을 따라 걷기

소나기 그치고 구름이 지나가네
비 뿌리지 못한 탁한 마음들
그들의 행렬 속으로 들어가
길바닥에 고인 물에 얼굴을
비춰보네, 깊어라 얼굴 안은
내가 가야 할 길이 보이지 않는다
길 가의 미루나무와
얼굴을 바꾸고
몸을 바꾸고
기억을 나란히 한다
내 밑둥을 받치는
단단한 추억의 발목을 풀어
미루나무 줄기를 따라 내려가는 곳
거기,
희망이 나를 껴안는 곳에서
쉽게 지치고 마는 걸음의 허술함이란

힘겹게 뜨는 별

자운서원 깊은 밤
새가 운다
별 몇 개가
산등성을 내려와
스르르 눈감아
새의 울음에 잠긴다
밤새가 와서 우는데
산이 그걸
듣고 있는데
아무런 대답이 없다가도
산은 새의 울음을 내게
자욱이 들려준다
새의 울음 안에
이토록 적막한 곳이
있다니, 별 하나가
내 잔등을 딛고
힘겹게 떠오른다

온몸이 적막하게 울린다

꽃이 피고 지는 일

아버지가 땅을 파는 것
내 푸른 이마에
이랑을 내는 일
노란 글자 뿌리는 일

저 나무 아래
반듯이 누워 있으면
나무에 물오르고
새순 날 때 누군가
내 어깨 위로
노란 부리 같은 달이
뜬다고 말해주려나

꽃이 피었다 질 때
내 등 너머
새의 눈물 같은 달이
진다고 말해주려나

꽃 피고 지는 일이
이마에 새겨진

글자를 지우는 일 같네

가을에

저기 저 먹감나무
잎사귀에 한창
머무는 햇빛
아직 내 푸른 그늘을
변주하고 있네

대나무 잎의
서걱이는 소리를
나의 뼛속이
고요하게 듣고 있네

해묵은 그리움을 깔아주는
저녁도 이토록
떫떨하고
시시컬컬한 노랫말과
어울릴 수가 있다니
뭐랄까, 몸 깊은 곳을
울리는 무슨 악기라도 되는 듯이

모과나무

뜰 앞의 모과나무
어스름 찾아들자
모래바람을 안고
잠드는 저
단단한 눈들
이마를 때려
저녁을 알려주는
별들의 까만 반짝임
다녀가는데
가지에 걸린 한 줄기 햇빛
나를 제 품 가까이 묶어
온몸에 딱딱한 노을 떠도는데
몸속 어디론가
일그러진 초승달이 기운들
벌레 먹은 사랑니도 시릴 것인가

3부

10월의 강가에서

강물에 비치는 버드나무를
내 그림자라 할 수 없나

나직이 떠서 볼을 붉히는
저 얼룩진 달을
내 얼굴이라 할 수 없나

강가에 와서
물놀이를 하는 연인들 나의
그림자 안으로 돌멩이를 던져줄 때
낙엽 져 가지를 드러내는
심경에서 나와
물 위에 뜰 수 있다면
얼굴을 씻고
그림자 하나로
마음 놓고 흔들려볼 수도 있을 터인데

떠도는 빛

오래된
무성영화를 보며 문득
내가 어디서 흘러 온
빛이라는 생각이 들 때
발가벗고
어둠 속에 서 있으면
수백 광년이 흐른 후
하늘 밖 누군가 나를
아름답다 하지 않겠나

돌돌돌—
내가 처음 있었던 곳으로
나를 데려가는
필름 감기는 소리, 내
고단한 여정
안으로 어느 별이 들어와
발 부르트도록 글썽여 주지 않겠나

만성현기증

인천 연안부두 횟집에서
낙지를 먹고
송도 호숫가를 걸었다
발바닥에 딱 붙어
출렁이는 길
내게 흐르기 시작할 때
맑은 날의 우울
한복판으로
휘휘— 노를 저어가면
낙지 속 같은 마음
어디선가
도덕처럼
깨끗한 달도 뜨더라니까

호숫가
주엽나무들 머리 박박 쥐어뜯고

환한 잠

찬비 뿌린 후 낙엽 지는
덕수궁 돌담길을 걸었다
낙엽들이 지나온 길을
돌돌 거두어
어디론가 달려가는데
투명하게 졸고 있는
은행나무 한 그루
자세히 보니
나무의 잠 속을 까치가
울음으로 채우며
휑한 삶을 살고 있었다
까치의 울음 안에서
맑아지지 않는 것
없었으므로 나는
새의 울음 속에서
환한 잠을 자고 싶어 한없이
가려운 손바닥 비벼
나무에 올랐다
새가 울어
바르르르르— 어깨가 울고

온몸이 울고
그렇게 울다가 말갛게 익어
나무의 하늘이 되는 일이
딱 한 번 몸을
동그랗게 구부리는 일이라고
가르쳐주며
내려가는 길은 나를 흔들어
나무의 긴 冬眠 속으로 데려갔다

김포공항에서

비행기가 날아오른 하늘에
떠나는 마음들이
띄엄하니 떠 있다

구름이 진눈깨비 하나로
온 공항을 울게 한다

진눈깨비가 되지 못한
눈송이들이 금방
울음을 터트릴 듯
머리카락 끝에서 울렁인다

울렁임 너머 눈 안 가득
추운 하늘을 깨고
비행기가
울렁울렁 돌아온다
그걸 보는 사람
아무도 없다
나를 알아보는 사람은 아무도

봄, 혹은 물의 밤

검은 비 내려
정육점의 소머리들 피식 웃는
물의 밤
우우우—
냉장고 속 뼈다귀들이 낮게 우는
소리에 나는, 눈이 희미한
아이 하나 만들었네
두 돌이 지나도록
앉지 못하던 아이
핏덩이 같은 보름달이
뜨던 어느 밤
독사처럼 머리를 치켜들고
방바닥을 기었네
창 밖에서
독수리 같은 자목련이
몽우리를 틀고 내려다보는 사이
봄은 갔네
오, 봄 스멀스멀 기는
세상의 모든 암호를 이끌고 가는
봄, 혹은 물의 밤

목련

소사 롯데리아 분점에서
햄버거를 먹고 있는데
창 밖 목련꽃 나무가 나를
들여다본다
꽃잎들이 내게 뭐라고
중얼거리는 것 같다 나도
햄버－거인지
함부르크인지 말도
안 되는 말로 대꾸를 해준다
귀를 움츠리며
어리둥절해 하는 꽃잎들
(혀를 너무 구부렸나보군)
가게 문을 나서며
목련꽃 나무를 쳐다본다
꽃잎들이 나를 보고
꾸벅꾸벅 아는 체를 한다
버거 하나
콜라 하나 땡큐 땡큐 땡큐
혀가 꼬부라져 턱이 쳐진 목련

대추나무

우리 집 앞마당엔 오래된 대추나무가 하나 있습니다. 나이가 하도나 많아서 몸에 커다란 구멍이 듬성듬성 뚫렸는데 밤늦게 들어오는 아버지의 술 취한 상소리도 그 안에 들여안쳤다가 아침이 오면 말쑥한 말로 되돌려주는 너그러움의 상징이었던 적이 있었습니다. 집 근처에 버스 정류소가 들어서면서부터 대추나무는 온몸에 시멘트를 바르고 그냥 서 있기만 하는 것이 벽인지 나무인지 여간 고집이 센 것이 아니었습니다. 누가 달아주었는지 어깨 위의 링거액 병도 훈장처럼 선명했습니다. 새벽 안개가 자욱한 날 첫 차에서 내린 사람들이 푸른 기침을 하며 지나갈 때도 대추나무는 더욱 딱딱하게 굳어져만 갔습니다. 그러나 막차가 떠날 때면 고목나무가 가슴 가까이 있는 열매부터 하나씩 버리는 것을 본 사람은 아무도 없었습니다. 언젠가부터 대추나무에 커다란 구멍이 새로 생겼는데, 나는 그 안이 궁금해서 산책 나온 햇빛과 바람 어스름 같은 것들을 모아서 손바닥 부르트도록 궁금증을 새끼줄처럼 꼬아 고목나무의 밑동을 칭칭 감아주며 그곳에 이르렀습니다. 아, 거긴 우리 집 그늘을 돌아 먼 길을 달려 온 봄이 뜨거워진 발등을 대추나무의 가슴에 담그고 꾸벅꾸벅 졸고 있는 것이 아니겠습니까. 울타리 아래 조팝나무는 희미한 별빛을 먹고 傷한 밥풀꽃들을 토해내고.

은밀한 집

집 밖에 서 있으면 집으로 통하는 길은 언제나 나를 먼저 데려갔다. 불투명한 의식에 기숙하는 유리창이 허술한 아늑함에 표류하는 나의 내밀한 부분을 가려주는 동안 다락방 한 켠에 세든 어슴푸레한 빛은 내게 몽상에 대하여 너무 많은 것들을 보여주었는데, 낡은 나무틀을 보며 조상의 얼굴을 기억하는 일처럼 나를 떠난 것들에게서 음화를 현상해내는 일과 같은 무의식의 힘은 다락 안에서만 일어났다. 그 위로 지붕의 완만한 물매는 나의 성격을 너그럽게 덮고 그 옆에서 헛간은 몽상에 젖곤 했다. 지붕에 대하여 확실하게 알고 있는 듯 견고한 침묵과 오래된 어둠을 간직하던 지하실은 나의 과묵함을 단단하게 받쳐주었다. 그곳으로부터 천장으로 오르는 층계는 내 다리 근육의 편안함에 팽팽한 긴장으로 맞서기 위해 가파르고 거칠 뿐 천장은 헐떡이는 숨결이 고독의 절정을 이루는 곳에서 내려올 줄 몰랐다. 지붕과 헛간이 간간이 꿈에 잠길 때 나의 구약인 담장의 돌들은 때로는 나를 겨냥하기도 했지만 아무런 사건도 일어나지 않았다. 내가 언제나 오를 계단의 성스러운 下降을 무릎이 이해하고 있다는 듯

방의 아늑함에 대하여

고목나무 밑에서 겨울잠을
자는 동물처럼
오래 웅크리고 앉아있으면
몸이 가볍고
물방울처럼 떠오르는 방
전등불 아래서 잠들면
내가 둥글고
그만큼 아늑해지는 방, 문틈으로
우리 집 가계를
세부적으로 순찰하는 바람이 내
이마에 가족사를 새기며
깊은 잠을 깨우는 것은
불빛을 입에 물고 누군가
나를 살피고 있다는 말인가
불빛에 최면당한 엷은 잠
안으로 기울어지는
어둠의 기하학
방바닥에 딱 붙어 가슴으로 오는

아버지를 생각함

비 그친 앞뜰에 핀
모란꽃을 바라봅니다
그 옛날 아버지 곁에서
늘 바라보던
그 모습입니다
아버지가 꽃이 피는 것을
그윽하게 바라볼 때
눈가에서 잔잔하게 일던
그 바람은 지금
어디서 무엇을 하는지
이처럼
햇볕 따뜻한 날이면
아버지가 잠들어 있는 무덤
파란 풀들을
흔들고 있는 것은 아닐까
그 풀잎들
아버지의 하얀 뼛속에도
모란꽃이 피었다고
붉은 울음을
터트리는 것은 아닐까

그 울음 망설이며
뒷걸음질해와
내 얇은 등을 적시는 일이여

移葬

관 뚜껑이 열렸다
수십 해 묵은
어둠 안으로
난입하는 햇살들
종잇장처럼 찢어지는
암흑 속에
할아버지
반듯하게 누워있네
햇빛 속에서
휘청이는 손자
바라보며 킬킬 웃네

그 옛날
이승 떠나며
타고 가던 꽃가마
서러운 꽃을 보고
어린 손자
방긋 웃을 때
따라 웃던 할아버지
아직도 웃고 있네

그 손자 자라서
한지에 곱게 싼
조상을 안고
두근두근
봄 햇빛 안으로
어지러운 족적을 찍으며
들어가는데 킬킬 웃기만 하네

가계

할아버지의 무덤으로 오르는 길은
축축하고 질척거렸다
빽빽이 둘러 선 삼나무 숲에선
비릿한 냄새가 났다
묘비에 새겨진 깨알 같은 글자들을
할아버지의 바람기와 그가 거느린
여인들의 내력으로 읽게 된 것은
내가 처음 자위행위를 하고
첫 애인을 만난 곳이 그의
무덤가였다는 때문만은 아니었다
집안 대대로 부쳐온 자갈밭
풋보리가 키가 반도 못 자라
서둘러 피던 해,
할아버지가 돌아가시던 그해
어린 내가
어머니의 둥근 자궁 같은 벌건 조상의
무덤을 보며 불끈, 성욕을 느낀 까닭이었다

마네킹

카운트다운은 시작되었다
셋, 둘, 하나
조용히 돌기 시작하는 엔진
나지막하게 나의
운명에 대하여 뭐라고 중얼거렸다
실오라기 하나 없이
부끄러운 성욕도 갖지 못한 죄
텅 빈 몸뚱이가
무한의 속도를 끌어안고
익명의 쾌감에 부르르 떨며
운명의 벽을 향해 질주하는 나는
살아서 이름 없는 대역이었다
머리가 깨어지고
배가 터지고 나서야 비로소
아픔이란 이름을 얻는,
벽 뒤에 숨어 진저리치는 나의 운명

폐염전 갈대

소래 폐염전에
허연 봉두난발 휘휘 날리며
칼춤을 추던 갈대는
늙은 태양의 목을 치고
앉은뱅이가 되어
밤마다 휘파람을 불며 운다
가거라
너희 종족만이 아는 가장
고독한 장소로, 가서
일어났다
쓰러지기를 반복하거라
고통이 은밀할수록
너의 속은 투명하게 비어가서
마침내
온몸이 텅 비어지는 날
똑바로 서서
바람의 종교를 갖게 되리니
새로운 태양이 떠오를 때
고개를 꺾어
순교의식을 거행하라

순례자들은
허공의 외줄 같은
소래철교를 건너리라
그리운 이름을 하나씩 부르며

어머니의 灣

이 나라 반도의 중심에서
발을 헛디뎌
내 기어이 백제의 끝까지 왔다
머리 위엔 천 년 묵은 갈매기
은빛 가위 날개를 번뜩이며
끼익끼익 울며 나는데
문득 배꼽이 아프다
기억하랴
탯줄을 자르던 가위질소리를
끝 모를 어머니의 최초 비명소리를
그리워하랴
원초적 생명이 잘려 나온 곳
삼국의 때꼽이란 때꼽 다 끼어
단일민족 문화만이
무성하게 부패하는 불모의
어머니의 灣을
몸서리치도록 간음이나 하며
어머니의 사투리마저 잊어버린 지금
내 자책의 언어는 무엇인가
영토 밖에서 우리의 바다는

하얀 물보라를 튀기며 자진하는데
허방 넘어 갯벌은 두리번두리번 달아나는데

노을의 나라

소나기 한 떼 지나가고
해가 진다
서둘러 따라가는 노을
저 노을이 가는 나라는
누구의 붉은 미래가
약속된 땅일까
풀잎들이 그렁그렁한 눈물을
등에 지고
노을이 있던 자리를 바라보다
휘청 —
한 방울 눈물을 버린다
그들의 발등에 물을
부어주며 나는
어느 사막에 대하여 생각에 잠긴다

가슴이 두꺼운 남자

보라매공원 앞에서
가슴으로 걷고 있는
하반신이 없는 남자
지나가는 운구 행렬에
유쾌한 음악으로
조의를 표하네
가슴이 두꺼운
저 남자
지나간 자국의 깊이
아찔해
내가 던진 동전 한 닢
앞뒷면
뒤집기만하네
떨어질 줄 몰라 하네

핑갈의 동굴

멘델스존의 서곡 〈헤브리데스〉를 듣고 있으면 방 안 가득히 밀물이 밀려왔다. 내 몸을 깎아 여기저기 작은 구멍을 만들어 그 속에 파도소리를 들여앉혔다. 가만히 귀를 대고 들어보면 작은 물새들이 포르르 포르르 날아오르는 소리가 들렸다. 새가 앉았다 간 자리에 바닷물이 품 안 깊숙이 동굴을 파고 아예 눌러 살 작정이었다. 동굴이 끝나는 곳에 초승달이 잠깐씩 다녀가며 붉은 노을을 깔아주곤 했다. 새들은 멀리 북해에서 아득한 전설을 물어왔다.

신경증

여의도 성모병원 신경정신과
엘리베이터 안에서
물속에 잠긴 갈대처럼 물끄러미
발등을 내려다본다
발가락 끝에서 돋는 하얀 뿌리들
현대식 건물 안에서 벌어지는
이상한 대화 속으로 뻗어 들어가고
불온한 대화의 첫 번째 혐의자인 나는
거울 속에서 외롭다 63빌딩
유리창, 절망적인 흰자위에 반사하는
마지막 햇빛과 성당
담벽에 말라붙은 단풍잎과
악의적인 광합성을 모의하고
네온사인 불빛 속에서
반짝이는 심장, 혈액은
딱딱한 맥박으로 굳어가는
거리에서 나의 내부에 일어나는 온갖
이상한 것들에 면죄부를 부여하는 여의도
KBS방송국 송신탑을 오르는 이 저녁

해설

결핍에서 충만까지

김양헌(문학평론가)

배홍배의 시는 대체로 질박하다. 누구에게나 삶의 아픔은 있게 마련이어서, 시인 또한 "휑한 가슴에/뒷걸음으로 들어오는 저녁 눈보라"(「눈의 길」)를 어쩌지 못하고 "무병을 앓고 싶어/매화나무 위에서 몸을 바르르 떨"(「달과 매화」)기도 한다. "벽 뒤에 숨어 진저리치는 나의 운명"은 마네킹처럼 "이름 없는 대역"(「마네킹」)일 뿐이라는 인식의 극단에 닿을 때도 있다. 그러나, 시집 전체를 읽어보면, 이런 격렬한 정서는 애상을 띤 문맥 안으로 스며드는 경우가 더 많다. 눈물은 행간 밖으로 넘치지 않는다. 문장은 짤막한 행으로 끊어지며 눈자위를 촉촉이 적시는 눈물 한 방울 내비칠 따름이다.

애상의 뒷면에는 물론 별리의 아픔, 실존의 어둠이 도사리고 있다. 시는 언제나 "사랑을 잃고 난 후"(「달과 매화」)에 나온다.

"어디에도/내리지 못하는 내 사랑"(「그리운 이름」), 그 피할 수 없는 통고를 시의 동력으로 삼아야 하는 운명에 옭매인 존재가 시인이다. 사랑이 있다면야 그 사랑에 기대면 그만이니, 굳이 시가 필요할 까닭이 없다. 사랑의 결핍은 서정시의 맥점이다. 시인은 결핍의 힘으로 "아득한/그리움의 절벽"(「눈에 젖다」)에 시를 새긴다. 그리움은 늘 현재 진행으로 나아가지만 결핍은 과거 완료여서 돌이킬 수 없으니, 욕망 충족은 영원히 실현하지 못할 꿈으로 남는다.

욕망 충족의 실패는 복잡한 감정의 소용돌이를 일으키게 마련이다. 상치하는 이미지들이 심각하게 충돌하고, 이율배반의 늪에 빠져 언어는 제 모습을 잃기도 한다. 배홍배 시인은 이 욕망의 회오리를 적절히 통제한다. "서러운/애증의 毒"(「日沒」)과 "외롭고 쓸쓸한 일들"(「비」)이 편편마다 깔리지만, 결핍의 고통은 문맥의 이면에 납작 엎드린다. 이미지의 물결은 잔잔하게 흐르고, 감정은 객관 묘사 뒤편으로 숨는다. 자연히 모호한 상징이나 복잡한 이미지의 충돌도 드물다. 아픔과 애상은 격렬함보다 고요 쪽으로 머리를 기울여 질박한 표현을 낳는다. "산다는 것은 살아온 길을/지우는 일"(「산다는 것은」)임을 증명이라도 하듯, 유년의 아픔이나 서글픈 추억도 담담한 목소리에 실어 몸 밖으로 밀어낸다.

그해 봄 건조주의보가 내려
나는 마른 풀처럼 말라갔다
앵두나무는 서둘러 열매를 맺고

노란 빈혈을 앓았다
보리가 깜부기를 가득 피워
지붕을 덮으면
헛간 위로 물먹은 달이 떠오르고
내 얼굴도 누렇게 떴다
—「미나리」 부분

유년은 그리운 고향 같은 시간이지만, 배홍배 시인은 아름답고 따뜻한 나날로 기억하지 않는다. 「미나리」의 내용을 보면 그 시절은 오히려 고통으로 가득 차 있다. 가뭄에 속이 타들고, 앵두는 설익어 떨어지고, 보리깜부기가 까맣게 마음의 밭을 덮는다. 인간도 자연도 정상이 아니다. 그 고통이 배고픈 육체에 먼저 파고들었기 때문에 어린 화자에게는 결코 지울 수 없는 상처가 되었을 터. 그럼에도 시인은 괴로웠던 속내를 직접 드러내지 않는다. 감정을 배제하고 비슷한 이미지들을 병치하여 기억의 풍경 아래로 육중한 애상의 길을 낸다.

애상의 정서가 날카롭게 살갗을 찌르지 않고 무겁게 내리누르도록 하기 위해 배홍배 시인이 주로 사용하는 방법은 객관묘사와 유사 이미지의 중첩. 건조주의보가 내리고 빈혈을 앓고 흉년이 들고 얼굴이 누렇게 뜨는 여러 사건들은 밀접한 관련을 맺으며 하나의 이미지를 형성한다. 의미나 이미지가 돌출하지 않고 목표 지점을 향해 일관되게 흘러가기 때문에, 배홍배의 시는 대체로 입체보다 평면에 가까운 형상을 띤다. 그러나 이 평면은 고통의 시간에 납작 눌린 것이어서 미묘한 두께를 지니고 있다. “호숫가/주염나무들 머리 박박 쥐어뜯을 때”(「만성현기증」), “관절이/앓는 듯 무릎에서/들기러기 우는 소리 들린다”(「방아깨비」) 같은 표현이 압착된 입체의 흔적. 이것은 어둠이 슬쩍 내리깔린 상처 입은 삶의 흔적이며, 병든 몸에 묻어 있는 그리움의 얼룩이다.

신천리 어느 병원
613호 입원실
그릇을 움켜 안고 밥을 먹는
저 노인
생의 고개를 넘어
급경사를 이루는 어느 곳에
비스듬히 앉아
그리움에 밥 말아 먹네
어느 날엔가
돌보는 이 없어도
그리움과 나란히 몸져누울 것인가
주머니 속 호두알을
만지작거릴 때
주－르르르르 가슴에
그리움으로만 끌 박는 저녁비
－「병동」 전문

죽음의 문 앞에서, 아직 삶 쪽에 누운 몸이 밥을 먹는다. 병든 가슴에 남은 애틋한 그리움이 밥알을 적신다. 눈물이 앞을

가릴 만한 장면이건만, 시인은 병과 일정한 거리를 유지함으로써 감상에서 벗어나 속울음을 삼킨다. 애이불비哀而不悲, 슬프나 비탄에 빠지지 않고 한 걸음 비켜서서 노인을 바라보는 사이, 주-르르르르 저녁비처럼 내리는 그리움은 벌써 화자/시인의 내면으로 옮아가 있다. 병/그리움은 노인의 것이기도 하지만 원래 시인의 것, 인간의 것이기 때문이다. 노인의 병에서 출발한 시는 서서히 화자의 마음과 뒤얽히고, 동일시의 시학을 따라 인간 보편의 정서로 격상한다.

시인이 아픈 곳은 흉부, 가슴에 구멍이 "여럿 뚫"(「눈의 길」)렸다. 물론 이것은 육체의 병이기도 하지만, 마음의 탈이 먼저 후벼판 흉터요, "가엾은 나의 세월"(「日沒」)에 새겨진 오래된 어둠이기도 하다. "축축하고 질척거렸"던 가족사의 "비릿한 냄새"(「가계」)는 시인 나이쯤이면 누구나 짐작할 수 있을 터. 어린 나이에 시인은 이미 깊은 내상을 입었으니, "뻥 뚫린/가슴에 얼룩진"(「눈에 젖다」) 상처로 읽을 수 있는 대상이 어둠과 비애 외에 무엇이 있겠는가. 그래서 병은 밤이 되면 더욱 깊어지고, 아픔은 종종 눈비를 불러 애상을 더하기도 한다. "흉부 내과"의 풍광은 "어둠이/함박눈을 몰고 오는 저녁"이며, X-레이에 찍힌 "나의 과거"는 "아무도 들여다보지 않은/검은 골짜기"(「얼룩소」)다.

시간상 밤으로 가는 길목인 "저녁", 공간상으로는 가슴을 점령한 "검은 골짜기"가 배홍배의 시가 솟아나는 "황량한 주소"(「日沒」)다. 「병동」의 노인이나 "고통의 새 주소"를 찾는 뻐꾸기(「광릉 뻐꾸기」), 최민식의 사진(「잃어버린 얼굴」), "텅 빈 몸뚱이"

인 마네킹(「마네킹」)처럼 어둠의 얼룩이 묻은 이미지가 배홍배 시의 근간을 이룬다. 이런 까닭에 배홍배의 시편들은 겉보기는 평면인 듯하지만 복잡한 요철을 숨기고 있다. 이 요철의 폭발력과 평면의 중력이 밀고당기는 팽팽한 긴장감이 저녁의 고요에 묻어 있다. 때로 긴장의 균형이 무너져 문맥 밖으로 밤의 격정이 흘러넘칠 때, 몇몇 작품들은 격렬한 이미지의 회오리에 휩싸이기도 한다. 「봄, 혹은 물의 밤」이 그러하다.

검은 비 내려
정육점의 소머리들 피식 웃는
물의 밤
우우우－
냉장고 속 뼈다귀들이 낮게 우는
소리에 나는, 눈이 희미한
아이 하나 만들었네
두 돌이 지나도록
앉지 못하던 아이
핏덩이 같은 보름달이
뜨던 어느 밤
독사처럼 머리를 치켜들고
방바닥을 기었네
창 밖에서
독수리 같은 자목련이
몽우리를 틀고 내려다보는 사이
봄은 갔네

오, 봄 스멀스멀 기는
세상의 모든 암호를 이끌고 가는
봄, 혹은 물의 밤
—「봄, 혹은 물의 밤」 전문

이 작품은 이미 저녁을 지나 밤의 영역으로 들어가버렸다. 저녁의 고요를 비집고 얼굴을 내민 긴장의 언어는 심하게 일그러진다. "해묵은 그리움을 깔아주는/저녁"(「가을에」)의 잔잔한 애상은 "검은 비 내려/정육점의 소머리들 피식 웃는/물의 밤" 처럼 불길한 냉소의 안개가 덮인 그로테스크한 모습으로 바뀐다. "길가에 쪼그리고 앉아/죽을 먹고 있는 고아소녀"(「잃어버린 얼굴」) 같은 평평한 표현은 "두 돌이 지나도록/앉지 못하던 아이/…/독사처럼 머리를 치켜들고/방바닥을 기었네"처럼 비유와 상징을 겹으로 두르고 일상의 표현을 떨쳐낸다. 봄은 자목련 피는 아름다운 추억이 아니다. "냉장고 속 뼈다귀들이 낮게 우는" 비내리는 봄밤, "세상의 모든 암호를 이끌고" 어디론가 사라져버린, 돌아오지 않는 봄이다.

앞서 말했지만, 배홍배의 시편이나 구절에 이런 강렬한 이미지가 자주 나오는 건 아니다. 시인이 끌어안고 있는 그리움은 화려하게 폭발하는 빛폭약이 아닌 때문이다. 그리움은 가슴을 뭉툭하게 치고 지나간다. 멍 자국은 얼얼한 아픔으로 오래 얼룩을 남길 뿐, 날카롭게 심장을 파고들어 검붉은 피를 솟구치게 하진 않는다. 객관 묘사의 틀에 억눌린 화자 '나'가 수동의 문을 열고 능동의 마당으로 내려서는 일도 드물다. 화자는 옛날로 돌아가 피동의 그늘에 얌전히 앉아 있을 때가 많다. "종일 거위배가 아팠"(「까나리」)던 그때, "마른 풀처럼 말라갔"던 어린 시인이 무엇을 할 수 있었겠는가. 아프지 않을 때까지 기다리는 수밖에 없었을 터. 어쩌면 그런 습관이 지금도 알게 모르게 시인의 내면을 지배하면서 "희망이 나를 껴안는 곳"(「구름을 따라 걷기」)에 닿기를 은근히 기다리고 있는지 모른다. 오히려 목숨을 담보로 하는 이런 끈질긴 기다림에 익숙한 까닭에, "아픔마저 익사"한 실연이라는 극단의 상황에서도 그리움을 붙안을 수 있었던 건 아닐지.

도시의 휘황한 불빛 안이
너의 무덤 속일 때
싸늘한 묘비로 일어서라
그러나 잊지 마라
묘비명으로 새길 그리운 이름은
—「그리운 이름」 부분

무덤까지 안고 갈 지독한 사랑이 그리움을 낳는 것은 당연한 일. 허나, 진한 그리움은 언제나 사랑의 결핍에서 비롯된다. 사랑을 잃고 되새기는 사랑의 열정이 묘비명이다. 배홍배의 시는 처음부터 이런 아이러니를 내포하고 있다. 결핍/병에 상응하는 그리움/희망은 '육체—그림자' 마냥 붙어다닌다. 앞쪽으로 기울면 어둡고 역동하는 이미지가 시의 전경에 나타나기 쉽고, 뒤쪽에 치우치면 고요하고 평이한 서술로 흐를 가능성이 높다.

배홍배의 이번 시집은 뒤쪽으로 기운 편인데, 여러 가지 까닭이 있겠지만 내면의 자유를 억압하는 제도의 틀이 너무 견고한 때문이 아닌가 한다. 그 틀은 시인 자신이 세운 시의 형식. 몇 편을 제외하면, 배홍배의 시에서는 복잡하게 뒤얽혀 솟아나는 언어의 회오리가 순조롭게 전개되는 진술의 이면으로 잦아든다. 내면에 숨은 고통의 크기를 시의 틀로 다 감당하기 어렵기에 탈주하는 언어를 내면으로 돌려보내는 형국이랄까.

시인은 이번에 첫 시집을 낸다. 그런 만큼 아직 배홍배 시인의 세계를 꼬집어 말하기는 어렵다. 이번 시집에는 질박한 작품들이 많지만, 고통의 마그마도 만만치 않은 폭발력을 잠재하고 있다. “빗방울은 내가 사랑했던 사람들의/눈동자”(「비」) 같은 독특한 비유나, “귓속에선 쑥새가 포르르 울었다”(「미나리」)처럼 상큼한 감각도 여럿 만날 수 있다. 고통의 무게를 객관 묘사로 다스리는 솜씨나 감정의 높낮이를 적절히 통제하는 기술도 보통이 아니다. 이런 능력을 최대한 발휘할 수 있는 자기 세계를 찾는 일이 남은 과제일 성싶다.

지금까지 논의한 작품들과 다소 다른 형태인 「단단한 새」를 보면, 시인의 관심사가 폭넓게 뻗어 있는 듯하니 자기 우물을 깊이 파는 일도 그다지 힘들지는 않을 것이다. 생태시의 형태를 띠면서 존재와 존재가 교감하는 모습을 따뜻하게 그린 「단단한 새」는 결핍보다 충만에 바탕을 두고 있다. 세계와 자아는 행복하게 하나로 만난다. 새는 새싹에게, 나뭇잎은 새에게 서로 삶을 돌려주는 세계, 그 이상향을 시인은 현실 바깥이 아니라 바로 곁의 자연에서 찾아낸다. 물론 이것이 배홍배 시의 주

류는 아니지만, 시인의 밝은 눈이 다양한 방향을 모색하고 있음을 충분히 알 수 있게 해준다. 결핍에서 충만까지, 그 사이 어느 아름다운 시의 언덕에 시인의 따뜻한 집 한 채 들어서기를 바란다.

새가 울 때마다 노란 새싹들이 피어납니다
플라타너스는 얼마나 많은 나뭇잎을 피웠으면
작은 새가 저토록 단단한 목청을 갖게 되었을까요
플라타너스의 넓은 마음 씀씀이도 새의 단단한
울음에서 비롯되었으리니 플라타너스는
제 잎 넓은 삶을 언제
저 작은 새에게 돌려주어야 하는 것일까요
새가 날아갑니다
마른 열매 하나가 탁구공만한 정적을 내게 선물하는군요
—「단단한 새」 부분

문학의전당시인선 22
단단한 새
ⓒ 배홍배 2006

초판인쇄 2006년 03월 27일
초판발행 2006년 03월 31일

지 은 이 배홍배
펴 낸 이 김충규
펴 낸 곳 문학의전당
출판등록 제387－2003－00048호(2003년 9월 8일)

주 소 152－841 서울특별시 구로구 구로6동 97－1 로얄프라자 206호
홈페이지 mhjd2003.com
전자우편 mhjd2003@naver.com
전화번호 02－852－1977
팩시밀리 02－852－1978

ISBN 89－91006－35－3 03810

*이 책의 판권은 지은이와 문학의전당에 있습니다.
*양측의 서면 동의 없는 무단 전재 및 복제를 금합니다.
*잘못된 책은 바꿔드립니다.